D1671497

Der Ruhepunkt des Meeres

Yang Lian
Der Ruhepunkt des Meeres

Gedichte

EDITION SOLITUDE
1996

Aus dem Chinesischen übertragen von
Wolfgang Kubin

I Finsternisse

I
Grüne Blätter vergißt man in Zeiten zu grüner Fenster
so wie jeder Kiesel den Frühling trifft,
vom Frühling mächtig geworfen

Vögel ziehen weiter blaue Rollschuhe an
Da sind alten Hunden die Augen müde geworden

Das Klopfen am Flußufer braucht keinen Deuter
Die Ästhetik des Todes heißt Blumen auszuschwärmen

Nur die weite Flur erträgt ein wildes Herz
Ferner geflohen spritzen die Jahreszeiten Blut
Die Bäume in der Sonne wachen hinter uns
Ein unbewegbares Wissen bewegt wieder Totes fort
Die Rezitation eines Gedichtes, vertiefte Stille

Eine andere Welt ist weiter diese, sagt die Finsternis

II
Wer ohne Erzählung ist, flieht in einen Tag
mit der Pose von Tagesfluchten

Wer ohne Vergangenheit ist, ist vergangen
Der Abend kehrt Möwen in ein abstraktes Buch

Auf der Isolierstation wird jeder zum Narr
wähnend, mehr noch als Fleisch Fragment zu sein

Fragment aus Glas, ein Gebein zersplittert peripher
Fragment fauliger Zungenwurzel, ein Abend rinnend, um
auszurinnen

Ratten treten sich wund mit spitzem Schrei
Jeder Tag schreckt einen anderen auf

In derselben Nacht eine Erzählung ohne Mensch
nochmals zu erzählen, unmöglich, sagt die Finsternis

III

Jeder Regen versetzt dich an dein Ende
Seine Stimme auf dem Dach, der Schritt des Getiers
kehren dich starr in die Finsternis
Bei starrem Wetter muß ein anderer schlafen gehen
Schlaf meint Fortgang, alle Welt geht zur Regenzeit
Da hat Finsternis dich durchbohrt wie Rappen das Feuer
Zu hören in dir: die allseits silberweißen Stiche
zur Besserung eines schäbigen Überwurfs aus Fleisch

Jeder Regen fällt nur ins offene Land
Vom Ende gelesen tauscht eine schwarze Erklärung
dem nächsten Tag emsig einen Menschen ein
Bei Fälschung einer Adresse sind die Friedhofswege
                                              schlammiger
Bei Musterung einer Hand drängeln gehässig die Bettler
Sie bilden eine Stadt ohne Schutz vor dem Regen
Ein Schwarm feuchter Krähen kollidiert in dir
Es wächstdas Böse, ungleich mit demselben Anschein,
                                        sagt die Finsternis

IV

Aber die Finsternis spricht nicht, zwischen ihr
und der Finsternis ist nur der Frühling

Ein Drachengestell hängt in den Zweigen
Die Rinde glänzt, unterm Baum gehen Liebende kosend
Die Pollen schlagen in der Lunge den Gong vom Vorjahr
Ein Clown in Scharlachrot kann Kinderschreck sein

Die Händchen im Mund machen die Zähne immer grüner
Alte Zeitungen sind ein Rasen für die Flammenschere
Der April kehrt Flüsse zu Trugbildern
So auch uns die vergessene Farbe der Flüsse
Das Gurren nach dem Brand: alle Sterne, von Kindern
abgelegt, werden in eine schwarze Schleuse gepreßt

Die Finsternis hat etwas ohne Traum zur Anschwemmung
des Leibs

Auch wir fürchten, fürchten nur die eigene Furcht
Die Finsternis spricht nicht, da plappert jeder Passant an
der Ecke
Die Finsternis lauscht der Finsternis scharlachgelippt

Eine Schule des Frühlings wird uns nie weiser machen
Wer in einer Erinnerung lebt, ist eine arme Seele
aber eine Krankheit macht indifferent
Trägt man den Spiegel im Gesicht, verdaut das Meer

einen toten Fisch, ausgespien weiter im Blut

So viele Finsternisse, daß das Leben keine erreicht
Es schweigt, aus uns getreten, zuletzt der Frühling

II Ein Haus wie ein Schatten

Ein Haus wie ein Schatten

Das ist dein Haus, ein Haus wie ein Schatten
ein Gebilde zur Vergrößerung der Dämmerung im Gras
Der Vogelruf wird vom Himmel abgeschossen, wieder
bespricht das Zünglein der Blätter das matte Land
Auch der Schatten ist matt, das Spalier der Blinden
stürzt ahnungslos den Fels herab

Das ist dein Haus, ein Haus ohne dich
Man schuldet dir einen Alptraum
Eine Wühlmaus springt auf den Boden, ihr wird unwohl,
sie gleitet aus, eine Wühlmaus wie ein Schatten
Gesichter pflegen einzudunkeln
Rosenfarbene Lippen beißen das Tor zur Klage auf
Mit dem Tod der Tage wohnst du im modrigen Docht

Das Geviert lernt stumm sein wie das Leben, so fährt
Licht unter die Erde, rittlings auf schmalstem Stein

Es fährt in dich, der Schatten ist ein Hausherr
der die Abendterrasse freigibt für Blicke aufs Land
Da fängt wieder eine Wildkatze den eigenen Schrecken
Da endet wieder ein Schädel unter Nägeln, in Sterne
geschlagen
dem Unkraut gleich, silberweiße Fläche
Die Finsternis, gelähmt, steht senkrecht
sie streicht dich aus, ein Jahr älter an diesem Tag
so wie der furchtbare Mond das offene Land

Nachbarn

I

Köstlich ist der Tod, im nahen Topf von euch bereitet
Hundert Jahre brennt ein Stück Kiefernholz
in eurem nahen Kamin

Der Sommer ist trist wie eine Steinwand mit Efeu
aber der Weg führt durch das Feuer tief in den Winter

Vom Feuer aus sieht man die Fenster
Wie gehabt putzt eins ums andere die fahle Nacht
Die gestutzten Blechschatten der Kiefern stehen
vor dem Fenster zur Korrektur eures Gebeins

Die grüne Sonne stürmt, ohne anzuklopfen, ins Gestein
Ein Wort in die unselige Landschaft zweier Gedichte
Es bestätigt die verrenkten Lippen des Dichters
Ihr ähnelt den Fischen über dem Feuer

II

Zu einer anderen Zeit
preßt das schwere Blau des Himmels die Vögel in ein Stück
Ton
Das Dämmerlicht ist eine emsige Säge in den Bäumen
Holzpfähle lächeln trüb, eine kraftlose Vergeltung

Unter der Zeit, die uns trennt
rückt einknöcherner Tisch an einen anderen
Die Toten, noch nicht fort, gleichen den Lampen
die, in Tannenzapfen stumm explodierend
das flaumige Trommelfell schwarzer Fledermäuse
erschüttern

Einen anderen Augenblick
sind wir wie gehabt das unvollendete Werk der Stille
von jeder Stimme gepreßt in den Ton, der Rest
ist das Jetzt eines Wortes
die namhafte Zunge, über altes Porzellan steigend

III

Vergessen zu werden ist ein Glück, sagt sie
Mag wer keine Müdigkeit kennt, sich erinnern lernen

Jede Frau beginnt bei der Betastung ihres Leibes
sagt sie, alles dunkle Wissen paßt zur Fäulnis

Blut entfacht eine letzte Kerze, dann beginnt
der purpurne Abend, die Wunden zu nähen

Eine Made gräbt Tunnel zur Hortung winziger Tode
Tode, die ins Netz gehen und überwintern

Auch der Tote gleicht einem ungelesenen Autor
heimlich schwanger auf der Straße unterwegs

Engel, Fledermäuse mit eingefallenen Brüsten hängen
kopfüber mit geschlossenen Flügeln unter weißer Haut

Sie sagt, Mörder sind schon genug gedingt
Überdruß ist das einzige Bett

Im Tümpel tauchen Wasserschlangen auf und nieder
Sie steht am Ufer, sie ist ein Mond ohne Selbstbezug

Bei Mondfinsternis das Aufspüren schwarzer Sümpfe, die
                                    ins Fleisch sickern
So wird eine Frau zur anderen

IV

Den Toten so nah ist das Lebende, ein Gedicht
Eine denkbare Gruft, verborgen am Himmel
gleicht undenkbarer Mansarde, verschlossen im Staub
Einer Spinne oder Fliege
Aas ist eine verzierte Truhe, vereinbarte Wohnstatt armer
Seelen
Vom Öffnen bleibt der Abdruck meiner Hand
Und die Hausratten leben auf unterm Tritt

Sie wecken das Licht vor hundert Jahren, schneiden
fiepend den versponnenen Schatten der Poeten ab
Eine Wolke steht über den Ziegeln
gewohnt, mit grauem Knöchel zu verderben
Sie macht eine Lesung, dem Lebenden so nah
dem Erbe gleich mit Obacht auf meine Finger
Schon hat sie parat für jeden eine Schmach

V

Unsere Leiber sind zu Fenstern gebaut
Im Feuer sehen wir eine Kiefer Feuer fangen
Irgendein eingezogenes Handgelenk zuckt
Es zittert und streckt jäh die Klaue einer Bestie

Feuer und Feuer gießen einen Spiegel
So hat, was sich ins Quecksilber schleicht
der Blick geschaffen, wir stehen vor eigenen Fenstern

Gesichter, von nichtigem Meißel gemeißelt
scharfe Gesichter schnitzen Zungen, züngelnd in Vasen
Der Wind in der Kehle schwillt, wenn er zudrückt
stößt ein Gedicht den Dichter ab wie überzählige Plazenta

Das rote Eisentor der Gefilde fällt am Ohr laut zu
Die Grabmäler sind namhafter als wir
Ein Bankett fruchtbaren Gebeins
Alle Augen sind Zwillinge, bloß an Jahrhundertenden

Wer zum Tor wurde, hat nichts geschrieben
So schnitzt ihn, was innen stirbt

So redet er zu sich, fürchtet Kälte
Mit den Klauen von Bestie und Feuer packt er eine Karte,
                                        eine Spielkarte
zwischen zwei Wunden, einander im Blick, uns

Der Turm des Komponisten

I

Richtung Holzbrücke geht's auch Richtung Fischaas
Der Regen nimmt sein Schwarz vom Silber des Sees

Das verwitterte Gestein haben die Wurzeln im Griff
Den Wurzeln des Hasses sticht Efeu ins Fleisch

Regenlaute speiend ist der Sommer ein giftiges Leder
Vogelstimmen gehen einem Ohr in die hungrige Falle

So wird das Gehör zur Bresche des Morgens
Was begraben ist im Turm, tönt zugleich in der Musik

Der Schädel eines Narren flutet tropfnaß heraus
so verfällt rastlos der Himmel, letzte nacht zornig wendend

Doch letzte nacht wird niemehr vergehen, dein
Fenster, allseits trüb, offen allein menschlicher Pein

II

Ein Krieg einzig nur zwischen Stimme und Schweigen
Du hörst Totenschädel Särge öffnen, der Erde entsteigen

Also hat den Jüngsten Tag ein grauer Brief ereilt
Die vertagte Zeit ist gut genug zum Vergessen

Eine Lesung im brandneuen Ton eines blutroten Vogels
Die Toten erwachen, unterlegen einmal mehr dem Tod

Und du dem Leben auf einem Notenblatt
wie ein Bilderstürmer, vom festen Gebiß eines Stummen
                                        belehrt

Schreiben, das antlitzhafte Gras strömt winterwärts
unmerklich kehren Leiber zurück

Leiber, die weiter weg sterben in Kompositionen
wenn das geleugnete Licht von einer Note zur anderen
                                        schreitet

III

Die Tür schlägt zu, das Verhör gerät zur Raserei
Vater verteidigt sich leise, fast kein Vater mehr

Im Turm ist ein elfjähriges Ohr
doch es klebt mit dem ganzen Alter an der Wand

Lauschend, wie eine Stimme in der Stimme erstirbt
dem Schweigen gleich, das einen Kiesel schafft zur
                              Verzierung des Schweigens

Das Kind auf hoher Turmspitze schluckt das Böse
von finsterem Gestirn in die Hände gestopft

Jener Orkan stopft einen Magen aus Stille
Dieser Junimorgen gibt dich dem Vorabend von Narren

Der letzte Pfeifton geschrieben
Ist ein runzliger Turm so leicht fortzublasen

Das Leben der Porträts

Das Gefängnis imitiert euren stillen Leib
Die Nebenrolle, vergessen in einer Biographie
lebendig nur für die Haft

Für den kleinen, kleinen Fels, täglich zugewiesen
Man ordnet die abgeschlagenen Schädel neu an
Schädel, dem Rahmen der Dämmerung entschlüpft

Sie alle haben die Zungenspitze abgebissen
wie eine Familie, die im Regen finster wird
Blätter, in Betonflügel eingelegt, beginnen zu grünen

Den Fuß auf Ratten oder Schlangen sind spitze Schreie
sicher rot, so trete pünktlich auf euch die Mitternacht
mit der Kunde von Mienen, die das Vergebliche stunden

Niemand kehrt vom Tod zurück, sich selbst zu pflücken
auch schaut sich niemand zu auf dem Weg
vom Bad in einen nächsten, unerträglichen Morgen

III Himmelsbewegungen

Himmelsbewegungen

Du weißt, dort gibt es nichts, nicht einmal den Himmel
Wenn ein großes Blau schneeweißes Gebein löst
schwindet der Sinn, das Deck eines Grabs im Blick
Jeder Tagesanbruch schrumpft hastig
Das Fenster gleicht einer gleißenden Rednerbühne
Dein Lager unter der Rede des Orkans tritt zurück in den
                              Vorabend ohne dich
Ohne Vögel, man scheucht das Beton-Gewölk vom Baum
Du schaust auf, je blöder, desto blutiger die Lippen

Was sich bewegt, ist die Landkarte, den Ort deiner Pein
                              fliehend
Abgewetzte Sohlen säubern die Füße, zwanglos mit deinen
                              Augen
Was sich bewegt, ist ein blauer Panther, in der Klage von
                              Rind und Schaf
Alte, vielmals geschlachtet, rufen Mutter

Du hast hineinzusitzen hier wie in einen Tunnel
Der Tod muß sich bewegen im Ohr, wirst du bewegt

Von der Richtung eines Sternes belassen in der anderen
Was du im Schlaf auch verloren hast, wird geordnet zu
                                        Worten und Sätzen
Der Mond gilbt täglich für die entführten Leiber
gleich dem Auswurf auf einem Bettlaken

Fäulnis kennt kein Geschlecht, sie tritt aufs blanke Deckblatt
heißt den Himmel dich durchfliegen in dir
Väter verstellen den Blick, sie lehren Einsamkeit, Jahr um
                                                    Jahr
Eine Pferdeherde sprengt wild auf dich zu
Schneeblinde tragen im Gesicht das Lächeln der Eule
Dies ist die Vergangenheit in den verfallenen Gängen der
                                        Himmelsbewegungen
Auch ohne deinen Blick entschwunden lastet sie
licht und weit auf einem Baum in dunkler Front

IV Die Negation des Granatapfelbaumes

Fehlanzeige

Lang schon ist das Licht abgestorben dem Leib der
                                  Lebenden
So malt sich denn überall Leere
Der Notruf, erschreckt von den Vögeln, wird innen belagert
Unterwegs wie ein abgedichteter Himmel
Ein Leib, ins Meer tauchend, macht das Meer zur Wunde
Dieser Blaustrich gleicht dem Blau von Schulden
Dieser Morgen, vom Leib genötigt, händigt aus
Eine Betonlandschaft
um bloßzutun die Inkompetenz deiner Augen

Senkrecht zum Papier

Senkrecht zum Papier hältst du
eine Rauchschwade der Frühe, ein stiller Baum über dem
Grab
Nun erwacht im Schlafzimmer der Himmel
Mädchen widerstehen dem ungebärdigen Lichthalm
Ein Walnußbaum des Tages zerstört den Beweis des Hirns
Die Jahreszeiten, der Weingeist stundet Migräne
Auf dem prächtigen Tisch des Meeres die Gabel fest im
Griff führt die Welt ihre Augen zum Mund

Es ist ein unvollendetes Gedicht, senkrecht
zum Papier, von einem Epitaph entworfen
vom Fluß auf der Schwelle überschwemmt
Das Blut ist zur starrfüßigen Leiter genagelt
und ins Gedränge gestellt zum Erwerb eines Lasters
Wieder bewahrt ein Morgen die Kühle einer Uhr
Senkrecht auf der Straße mit dem Wort zerschellend:
Das ist kein letztes Mal, du mußt aufs Papier fallen

Der Schlangenbaum

I

Die tödliche Phantasie vor das Fenster verpflanzt
Nun ist der Garten ein Teil übergifteten Himmels
Grün vollendet sich in einem Hochwasser
Pferde, aufgeschwemmt, oder Krähen, pickend fauligen
                                                    Darm
Kinder haben den Baum im Visier, sie sagen: Schlange
Im trägen Gehör des Sonnenlichtes ertönt ein Zischen

II

Ein Orkan läßt dich leben
Ein Orkan peitscht den Künstler mit dem Schlangenleib
Die zwiefach erfundenen Zweige
Der Schwanz ist ein Knoten, unlösbar auf schriller Flöte
So wie manch beißende Leibesfrucht die Gebärmutter nicht
                                                    lassen kann

III

Finger spreizen, wo der Frühling Schuppen ansetzt
schleimig und bäuchlings

IV

Wo beginnen, dies der Baum, das die Schlange
von einem Sterben zum anderen
wie erträgt der Schnee in den Leibern
den Schmerz der Häutung, nach außen fallend

V

Ein Garten ist Teil eines hochgiftigen Gedichtes
Alle Wetter sind gerade gefaltet
Alle Bäume folgen einem Baum, der Schlange wird
Der Schrecken in Kinderaugen macht Spaß
Der Zahn in deinem Schlund
erfindet den Vogelruf, gepreßt in den dunklen Sumpf
Der Abendhimmel kriecht, anders als ein Stück Blau
Worte des Fastens stehen voll von Früchten des Wahns

VI

In jeder Minute wieviel Atmen
In jedem Atmen wieviele Schlangenbäume
Auf jedem Schlangenbaum wieviele Organe, vernarrt, den
$\qquad$ Tod zu träumen

VII

Die Form, Böses hoch ins Herz zu hängen, häuft Erde
Dank deines Beistands wachsen die Äste weiter
nach unten gekrümmt, beschnittene Fleischprügel
sie treiben Sprossen, die keinen Gifttod fürchten
Jahreszeiten erklären eine klamme Winterästhetik
Kaltes Blut sickert in jedes gebrechliche Gelenk
Füße, hinfällig im Wind, verwirren sich zungengleich
Immer noch streifen die Dichter Blätter ab
Gnadenloser ist eine gehäutete Schlange nur ein Busch
der auf Kinder anspielend
Kinder durchbohrt
wie von müßigem Schlangenbaum beiläufig bewirkt

Ernte

Diese geernteten, sengenden Dächer
glühen auf dem Dreschplatz des Sommers
Diese Himmel bräunen sich, maßlos und ungestüm

Die Meere schrumpfen, silberweiße grelle Ziegel
Zwei Bäume eilen aufeinander zu
Zwei Hungersnöte säen den Weizen eines Menschen

Die Tode des nächsten Jahres sind schon aus der Zeit
Die Sonne hat sich den Nacken gebrochen
Deine Augen ebnen Städte mit den Zeichen des Wahns

Glaskünstler

Von der Zeit zugeschnitten sein, die einzige Lust
Du wartest lebenslang, langsam wächst Fingernägeln Glas
Gläserne Wurzeln drängen ins Meer

Die Finsternis gleicht abgelebtem Blau
Kinder rühren im Gesicht an den Tod
Ein Licht, unfaßlich im Meisterwerk, lockt die Wasser
der Jahreszeiten in die Fläschchen eines Vogels

So zerbrechlich
Wer einst Gestalt annahm, springt ins Kalte, Bejahende

Eine Glasliebe läßt das Meer kraftlos wenden
Das Vogelnest wird aus Glockengeläut gebaut
All deine Unglücksbotschaft ist nur ein Tag
Das Heute, für tot erklärt vom ewigen Orkan
fürchtet weder Verwesung noch die Augen zu schließen in
der Sonne

Die letzte Frage des Bertolt Brecht

Zur Erinnerung an einen Spaziergang mit Wolfgang Kubin

Winter meint dunkelnde Kiefern
Schnee meint Licht
im herrenlosen Raum zwischen Morgen und Abend

Gedacht für einen Herrn in seinem Grab
Abgeschminkt aufs Gebein bist du noch mehr Dichter
Lebenslang Prolet, jenseits des Fensters ist die letzte Rolle
ausgespielt

Das meint, sein eisiges Lächeln zu besichtigen
das Deckblatt aus Glas, innen ein Schneesturm
das Repertoire des Todes, die Speisekarte einer Stadt

Mach das Geläut zwischen zwei Enden zum Applaus
das zweifache Du einander zum Entwurf
Die Hand ist ein garstiger Vogel: ihre Fälschung eines
fahlen Himmels

Meint, der Tote hat beizeiten erfaßt
das Epitaph vor der Klause: ein Zeichen für Kondolation
das Grün der Nadeln: zum Schluß angemietet

Mach das Feindliche, das Seiende

die perfekte Dämmerung zur Schöpfung deines Wahns
und frage: was ist, zwiefach gestorben, eitel Begehr der
Nacht

V Der Ruhepunkt des Meeres

I.1

Blau ist größer, wenn dein Ekel das Meer wählt
wenn jemandes Blick von oben das Meer zwingt,
unwirtlicher zu sein

Wie gehabt kehrt es zurück
wo in dem Steinohr das Trommeln verdirbt
wo zierliches Korallengebein den Schnee weckt

Das bunte Gefleck auf dem Fischaas
gleicht dem Himmel, Hüter deiner ganzen Lust

Es kehrt zurück an eine Scheide wie ohne Scheide
zurück an einen Fels, den Schädel allseitiger Orkane
Deine Orgel ist bestimmt, wenn du stirbst
aufzuführen die faulende Musik, geborgen im Fleisch

Das Blau, schließlich erkannt, ist verletzt
und das Meer hält inne, ein Blendwerk aus Wachs

I.2

Wieder demütigt das Wirkliche den furor poeticus
Einem Kind steht der kurze Tod frei zur Demonstration
Flammen bringen die Unzahl der Leiber auf Null
Der Haß ist nun Partner der Frühlingsasche
Und der dichte Qualm, aus Staubgefäßen gepustet, ist
                                    stolzer, je stiller

Der reine Terror eines Wunschdenkens
So ein Tag hat längst verbraucht die tägliche Pein
Wenn Feuer die Lungen reizt
sehen Wasser Mutter verdunsten, von Glied zu Glied
Die Gärten des Vorjahres wringen sich aus über dem Meer

Im vagen Möwenschrei steigen sie zum Zenith
Kinder sterben wider das Gesetz:
So springt der Tod in die Rolle des Frühlings
Was Feind ist, beiläufig, Feind alles Kommenden
in der Finsternis, lebt nur im Moment der Weigerung

I.3

Monotonie ist ein Verbrechen, und was Monotonie
                                        wiederholt
Allein auf dem Fels bist du mehr Ende als ein Fels
Unter blauen Mahlstein gepreßt
mit unausweichlichem Blick aufs mahlende Meer
Was den hellen Tag schaut, und was der helle Tag entblößt
die Zeit, ungezügelte Lust der Toten

Eine Gräte kann kein Fehler sein, poliert ist sie noch
                                        schärfer

Ein Tropfen Blut verdünnt nun das Wasser, Hüter
                                versunkener Boote
Elfenbein, in die Jahre gekommen, wird empfindungslos
                                wie ein Balkon
Wieder fangen Bäume einen Schwarm grüner Fische im
                                Gezweig

Das Schneeweiß in dem schneeweißen Krankenzimmer ist
                                eine Züchtung
An der Decke liegen blank die Brüste, Stürme
ändern jede zu feine Hand
Bettgestelle setzen dem Himmel beide Beine fest

Dem Meer gegeben gleitet das Meer noch unwissender
                                träumend
Eine Schabe zuckt der Menschheit gleich

Was vergangen ist, und was das Vergangene ausspeit ist
                                       Fleisch, sonst nichts
Was wirklich ist, von dir erinnert, ist Fleisch, in die Ferne
                                       gerückt, sonst nichts
Es negiert den blauen Fels
das beflügelte Meer, bei Zeiten zerworfen
Jede Welle hat dir die Lügen des Lichts als Biographie ins
                                       Gesicht geschrieben
Und das Auge, aufs Ende fixiert, ist eine Auster
Gerade endlos zurückgekehrt, wo sie gestern verdarb

II.1

Auf asphaltiertem Meer ist ein Vogel in den Lüften so weiß
$\qquad$ wie eine arme Seele

Mit der Witterung des Ufers hält der Leuchtturm inne
zur Linken, wo wir einst strandeten

Auf asphaltiertem Meer ist ein Anker ein geborstener Pflug

Einhundert Jahre schreiben unsere Namen neu
nach der Höhe der Grabsteine
Wir speisen neben Tischen aus rotem Fels vor aller Augen
Meereswasser, ein Feuer aus grünen Nadeln wärmt das
$\qquad$ Gebein
Im Tanz, die Münder ein Gebiß, schwarz vor Rost

Die Spitze des Kirchleins ist der Nacht eines jeden August
$\qquad$ eingepaßt
Der Orkan: Pflichtlektüre im Fach Tod

Das Licht hält inne, wo noch mehr Sterbendes sich sammelt
Die Kette gebrochen fällt der Anker tief in die Klage des
$\qquad$ Säuglings
Unter dem Asphalt hält Liebendes einander umschlungen

Einhundert Jahre: nun erst einsichtig der schwarze Inhalt
$\qquad$ einer Uhr

II.2

Die Festung der Blumen hat das Meer im Visier
Ein Bierglas erwartet den Sonnenuntergang, goldbeschmiert
Wie ein Krankenstand, der sich verschlimmert auf den Lippen
Wer spricht, spricht im Glas weiter

Wer singt, wird gesungen von einer E-Gitarre
Zehnfach verstärkt, so sperrt man einen Tauben ein
Lächeln ist eine Sache des Mitschnitts
Nahrung etwas zum Aufbrechen der Finger
Das Spiegelbild ertrunkener Matrosen drängt heran
zwischen Stuhl und Stuhl wird es zum Plural
Die Winde sind ein Auswurf Blut, stinkig zwischen
                                        Atemzügen
Was Mensch heißt, stopft Risse mit Worten

An ursprünglichem Ort treten die Steine auf der Stelle, die
                              Fersen schneeweiß
So stockt die Leiter des Herzklopfens
Nicht steigend nicht fallend haben die Tage erreicht
das letzte, das trunkene, das wiedergekäute Meer

II.3

Jahre der Lähmung, Jahre gelähmt zur Untat gepreßt
Jahre in versunkenem Boot
Ein Leib, uneingedenk der Gabe zur Linderung, öffnet
weit seine Haut, bis das Meer nach innen faßt

Die gereinigte Leber eine weiße Qualle
Das gepökelte Gesicht bindet Sterne tausendfach
Das Bett, unter der Herrschaft von Schildkröten, spielt
                        weiter auf lichten Instrumenten

Wenn der Mond unstreitig unsere Phoreszenz ist
            Schaben die Gezeiten ruhelos jüngere Uteri weg
Hilferufe halten ein vor jedem inexistenten Gehör

Im kleinen Moment, da ein Hai vor dem Blutrausch still
                        hängt

Wir bewegen uns nicht, Rost hat den Himmel überhäuft
Wir werden bewegt, purpurne Meeresschatten fassen
Einhundert Jahre, ein Paar tintenklecksende Hände
Rühren an matten, von Mattigkeit umgesetzten Schlaf
Schmach, rittlings auf dem Leuchtturm, faßt nach
Onans Leib, von Toten den Sandbänken hinterlassen
Der winzige Bogen der Vögel in den Lüften schnellt den
                        Flug in die fünf Finger
Unsere Särge haben diesem Abend zu folgen

Freilzulegen ist der verletzte, grundlose Meeresgrund
innehaltend, wo ein Orkan nicht innehalten kann

III.1

Jemand nähert sich dir in seinem Sterben
Jemand sagt, nur ein geernteter Stein
läßt das Meer unter deine Wasser sinken
Beim Anblick bist du ganz Ohr für den Vogellaut, er ist das
                                  letzte Geleit
Ganz Ohr träumst du vom dunkelroten Umschlag
des Meeres auf dem Fenstersims
Der Alptraum liest dich noch kleinlicher aus
Kreide, wieder erinnert, füllt die Leichen auf
Jemand teilt mit dir die Distanz der Wehklage

Gegenwärtiges ist am fernsten

Dein Halt faßt soviel wie der Furor des Meeres
wie die Einsamkeit, so daß ein Ohr bedenkt
in jeder trockenen Muschel rinnt das frische Blut von
                                  Bestien aus
schneeweiße, tödliche Milch, ein Tropfen reicht
dein Sonnenlicht zu stillen

Offenen Auges bist du Realität
geschlossenen Auges vom Schlag der Finsternis

III.2

Dieser todesähnliche Moment, der Moment der Passion
Ein weißer Fleck auf schwarzem Laken ist ein Fleck auf dem
Meer

Der Moment des Abbruchs, ein Leib
flieht sich mit dem Spiegel des Leibes
Die brennenden Organe sind ein Korridor
Mädchen ruht das Sein im Jubel ihrer Verwerfung
Vom Meer aufgetan triefen die anfänglichsten Fenster

In eine Richtung geworfen ohne Richtung
fern den Händen des Spielers ist ein Instrument Musik
Fern dem Wind wohnt das Salz in den Wunden alles
Vergangenen
Nur Gegenwärtiges gleicht dem Vergessenen
Auf dem schwarzen Laken des Mittags ein Wasser, der
weiße Fleck der Begierde
Blutsbande, mit der Ferne lichter, sind ein Licht dem
Moment des Verfalls
Im Gegenwärtigen ist keine Zeit, niemand, der mählich
zu sich kommend sagt, ohne Trugbild kein Meer

III.3
Auch das Leblose ist ohne Gabe zur Belebung

Im kollektiven Keuchen des Meeres
wurde der Name befreit vom sensiblen Kern
Fingernägel widerstehen den Jahreszeiten, das Töten ist
                                                    das Bleibende
Unter Vogelschwingen erkalten die Bilder

Was jemandes ist, was jemand schuf unterm Traum
Was im Gegenwärtigen ruht, was die Ruhe schmerzlos
                                                    ändert
Du bist das bösere Bild deines Spiegels

Je mehr Abwesenheiten, desto mehr Welt
Jeder Tropfen leugnet das Blau im Blick
Die nächtliche Stadt legt der Tod grob sandig aus
Der Medienstar und sein fauliger Fisch:
schmutzige Schatten mit Garantie auf eine Wöchnerin
Doch – hört jemand, daß anderen die Ohren sausen
öffnet sich Realität gleich dunkelstem Wissen

Sprache, die nicht vergeht, verlangt deinen Eifer
Furchtbar im Rückblick ist das Eigene
Gesichter, armer Seelen Tribut im Schein der Gräber
Geschichte, silberweißes Geäst im Blick des Herbstes
Blätter wie Todesnachrichten
Ein Trug allesamt, aber vielfach am Himmel gestorben

Das Meer ist ein Schnitter, es macht dich gegenwärtig

Das Ende, vom Spiegel erdacht, sucht das Weite

IV.1

King Street geradeaus
Enmore Street nach rechts
Cambridge Street Nr. 14
Die Meereszunge fährt in den Kamin
    Ein altes Haus verrät
zahllose Orte zu unserer stillen Überwachung

Wir sind so verschlissen, so beraubt, daß einmal mehr
                                     gebrochener wir sind
Schatten offenbaren sich auf Adressen

    Fremde Worte sind nurmehr Verwünschungen
Nachbarschaft ist eine Inzucht, die entrückt
Tote Schwalben werfen Stadtlandschaften aus, Generation
                                     um Generation
Glas, eine Intarsie für die Augen
Himmel, das ist über Gleise stolz die Farbblindheit tragen
Auf den Hochglanzplänen eines jeden, mit den Ruinen
    darf das Meer nicht fehlen
Alles Inexistente entschwindet ein wenig mehr
Das ist ein Gedicht, das uns heimträgt nirgends
und überall: ein beschädigtes Leben

IV.2

Meereswellen schlagen Enzyklopädien in die Verse
Felsen haben die Chöre gestrichen
Es gibt keine barmherzigen Gedichte

Fähig zur Recherche bei den Dichtern
Aus einem großen Stück weißer Haut tritt Kühle über
Sträucher übertragen: die Fragen des Winters

Ein Gebein, wie gehabt vom letzten Vers geplündert
ist ein Vogelnest, wie gehabt unfähig zur Brut
ein Reflex des Meeres auf morgendlicher Wand

Das Wort bringe den einen augenfällig unter die Erde
nichts bleibt hinter dem Gewölk eines Gedichts
den anderen verschlinge sein Buch

Wie einen Kranken, den die Krankheit grübelnd verlor
Eine Autobiographie des Todes umarmt dank Himmel die
                                                                                    Toten
Es gibt keine barmherzige Schönheit

Keine unverschnittene Hand eines Dichters
Sie brennt, Abend geworden, still zwischen zwei Seiten
unaussprechlichen Schrecken benennend.

IV.3

Auf beliebiger Adresse teilen Kinder einen Granatapfel
Eine beliebige Adresse denkt sich Kinder als
Augen, weiße Kerne im Fleisch
Blut, geronnener Piepmatz
halb in Händen, sich unmerklich windend
Und die rosa Frucht, vollmundig zerbissen, gefriert
Das Sterben, den Kindern vor Augen

Was uns vergißt, und was vergessen fühllos genest
ein abstraktes Licht, in die Stadt der Nacht getreten
geschieht ein neues Mal, aber nie ein allerletztes

Was uns der Richtung beraubt, und was beraubt ist von zu
          vielen Richtungen
ein Blau, erfüllt von der Höhe der Schädel
  wird schwarz unter starrem Blick
Es muß einen Ort geben zum Ausdruck eitlen Hoffens
zur Gewöhnung adressenfindiger Worte an die Schwären
             der Menge

Die Leere in den Augenhöhlen
  nur symmetrisch zum
Meer, gestaltlos unter der Berührung von Blinden

Eine beliebige Adresse heißt, Gebein, silbern und duftig,
           zu setzen
zur Schälung unserer Tiefe

Kinder, von Jahreszeiten geröstete Mandeln
werden zu jedem
    phantastisch erblickt und negiert
    zerstört und ermuntert
Granatapfel, die blauverkalkten Perlen fest in sich
Das Meer schlägt nie an den Rand der Einsamkeit
Nie werden andere am Fuß des Felsens zermalmt
Wir hören uns zermalmt werden anderswo
Jedes Meer gleitet in die Leere eines Gedichts
Mit totem Licht schneidet es die Kinder und hält inne
Wo wir uns am Ufer dem Meer entsteigen sehen

VI Solitude

Schloß Solitude

Die Meere schwappen unter die Fenster
Sie stürzen herab, die Pranke des Schnees bedeckt ein
                                       Weinen

Lautlos seid ihr bestimmt
menschenleer zu sein, ein unterirdischer Garten vertut die
                              Jahreszeiten im Gesicht
Der blutrote Zement aus Fleisch legt Farben zu
Umso mehr klammert ein Apfelbaum eitle Hoffnung,
                         verdorrt an zwei Jahresenden
Die Gräber lassen Schädel fahren
bläulicher, genetzt vom unrein Schönen der Reflexion

Die Lichter schwappen unter diesen lichtlosen Moment
    Ein freies Feld entschlüpft wie Sprache am Ohr
    Eine Adresse ist ihr eigener Schnitter eishimmelwärts
    Was im Augenschein naht, ist entschwunden

Die Steine erfinden euch,
nach Art unterwürfiger Schönheit

Die Flügel ins Schloß gefallen legen nächtens Endspurt ein
Die Welt auf der Zungenspitze ist nutzlos wie ein goldenes
Ohrläppchen

Alles geht dahin, aber das Licht
drängt sich hinter gläsernem Hang
Es bleibt, beiläufig beschädigt von dem Späher Zeit
Zu gefährlich, einjähriges Wasser tritt in arme Seelen
Zu schön, es kommt die Stufen herab im Aufschrei der
Jahrhundertgäste

Der Garten der Seelenwanderung

Die Menge geht mit angenagter Fratze
eine zerstörte Menge geht
sie tritt unter die Sonne, letzter Hauch toten Marmors

Auf obszönem Plan werden Vögeln die Nägel genagelt
Des Windes unwirkliche Kunde geht einem großen Baum
                                          an die Wurzeln
Die öde Erotik eines öden Himmels

Wo Sterne explodieren, erscheinen Blumen
Wo Hasen sich paaren: der leere Stuhl eines Jägers
das Heute ins Unkraut des Heute schießend
Ein Schnee unter der Erde gibt dunkler Grenze Licht
Der verwesende Vater heißt uns zu betasten

meinen Schädel, gehegt im Traum, bunter im Tod
Nun ist keine Erinnerung mehr, kein Weg, nun erst
ist eine Menge, mit Blutgeruch unter vergifteter Sonne
Der Garten entschwindet nie, er steht auf, unberührt, beim
                                          ersten Anlaß

Totenjanuar

Vater entnahm einem Jahr den schwärzesten Monat
Januar, im brechenden Blick der Mütter ein Nachmittag Musik

Schon verklingelte ein altmodischer Wecker zwanzig Jahre
Und steifgefrorene Schuhe fielen auf den vereisten Weg
                    der Frühe zwanzig Jahre
Die Füße, bebende Eingeweide bebender Tierchen
Das Grün lustloser Fluren erwacht seit zwanzig Jahren
Noch hängt das alte Gewand, indes wurde die Asche
                          Diebesgut
Zwanzig Januare, das verwandte Blut schwarzer Fenster

Vater entnahm einem Jahr den Monat ohne Himmel

Mütter sind ein Echo, es bleibt ein Hall, und flackendes
                    Licht ist ein Dorn
Ganz allein war sich Mutter das letzte Geleit
Sie hat den Januar verhängt, die schmutzigen Schnee-
                haufen, Kinder gekrümmt am Weg

Alle Nacht der Sturm auf Jagd, auch was zeugnislos wund
                    wurde
ist geschnitten in zwanzig Scherben, zwanzig Tropfen nur
                halbe Tränen
Soviel Hohn für unsere Torheit in Sachen Tod

Inhalt

Biographie

Yang Lian, 1955 geboren, wuchs in Peking auf. 1974 wurde er für drei Jahre aufs Land verschickt, danach arbeitete er für den Rundfunk. 1979 Teilnahme am Pekinger Frühling, Mitglied der literarischen Bewegung *Jintian* (Heute). Seit den späten 70er Jahren Gedichtveröffentlichungen, teilweise in Untergrundpublikationen. Heute liegen Übersetzungen in zahlreiche Sprachen vor.

Seit 1989 lebt Yang Lian in westlichen Ländern, zur Zeit in London. 1994/95 Stipendium der Akademie Schloß Solitude.

Veröffentlichungen in deutscher Sprache:

Pilgerfahrt, Gedichte (Hand-Presse, Innsbruck 1987); *Gedichte* (Ammann Verlag, Zürich 1993); *Masken und Krokodile*, Gedichte (Aufbau Verlag, Berlin 1994); *Geisterreden*, Essays (Ammann Verlag, Zürich 1995); *China daily*, Fotoband mit Gedichten (Schwarzkopf & Schwarzkopf, Berlin 1995).

Edition Solitude – die Reihe für neue Literatur
Herausgegeben von Werner Irro

Gestaltung: *Ulrich Cluss*

Satz: *Atelier Herkner*, Stuttgart

Bindung: *Mende*, Stuttgart

Druck: *müller prints*, Stuttgart

Papier: *Teton, Champagner*

Schrift: *Avenir*

Auflage: *500*

ISBN 3-929 085-32-1

.

Zu beziehen über jede Buchhandlung.
Jährlich erscheinen ca. vier Titel. Abonnement möglich.
Informationen: Akademie Schloß Solitude,
Solitude 3, 70197 Stuttgart